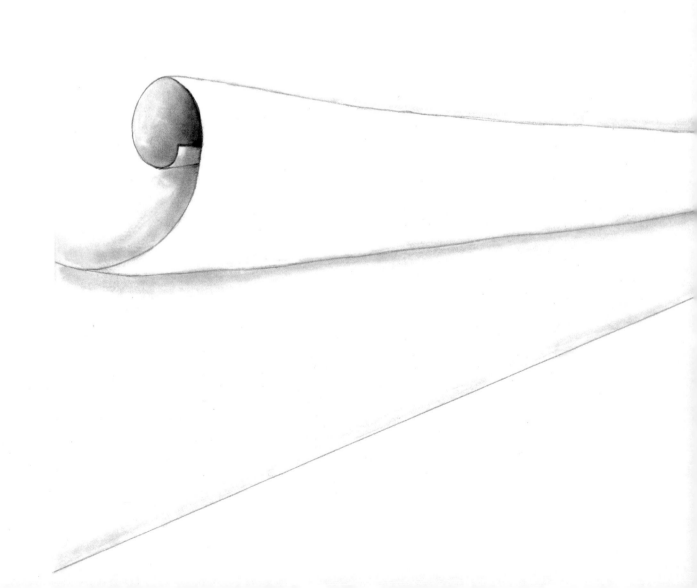

Cratzius, Spiel und Spaß mit Katzen

Die Deutsche Bibliothek – CIP-Einheitsaufnahme
Cratzius, Barbara:
Spiel und Spaß mit Katzen/Barbara Cratzius
Ill. von Sigrid Gregor.
1. Aufl. – Bindlach: Loewe, 1994
ISBN 3-7855-2570-2

ISBN 3-7855-2570-2 – 1. Auflage 1994
© 1994 by Loewes Verlag, Bindlach
Umschlagzeichnung: Sigrid Gregor
Umschlagstypographie: Karin Roder
Bastelanleitung unter Mitarbeit von: H. Schauder,
M. Schacherbauer, I. Dupke, E. Scharafat

Barbara Cratzius

Spiel und Spaß mit Katzen

Zeichnungen von Sigrid Gregor

Loewe

Inhalt

Basteln   **Rätsel**   **Spiele**   **Rezepte**

Katzenparty   **Gedichte**   **Geschichten**

Tinka schafft's allein

„Na", maunzt Willi, der dicke graue Hofkater, „sind's diesmal nur zwei geworden? Schaun ein bißchen kümmerlich aus! Sind eben Septemberkatzen!"

„Zieh Leine, Willi!" faucht die gelbe Minka zurück. „Die wachsen sich noch zurecht! Besonders der graue Tiger! Guck mal!"

„Ja, der ist eben auch nach mir geraten!" sagt Willi grinsend. „Aber die gelbe Kleine, die sieht wirklich mickrig aus! Na, wenn du Hilfe brauchst, du weißt, wo du mich findest!"

Er stolziert mit hocherhobenem Schwanz über den Bauernhof, direkt an Karos Hundehütte vorbei. Als Karo herausschießen will, sträubt Willi die Haare, macht einen Buckel und faucht wie ein richtiger wilder Drachen. Karo zieht den Schwanz ein – wie immer.

„Ja, der Willi, das ist einer!" seufzt Minka bewundernd.

Dann leckt sie Tiger, dem frechen kleinen Kater, über das Fell. Tiger schnurrt. Der kleine Kater streckt schon manchmal die Krallen, er faucht, wenn die Morgenwäsche zu lang dauert, er maunzt, wenn die Mutter ihm nicht sofort Milch gibt.

Aber was ist bloß mit der kleinen gelben Tinka los? Tinka ist immer lieb. Sie läßt sich ganz brav waschen. Sie läßt sich von Tiger zur Seite schubsen, wenn er trinken will. Sie zuckt zusammen, wenn der Leiterwagen polternd in den Hof fährt oder die Bäuerin mit den Milchkannen klappert. Tinka wagt sich nicht alleine aus dem Körbchen.

„So geht das nicht weiter!" meint der dicke graue Willi energisch. „Überlaß die kleine Tinka nur mir!"

Und dann stupst er das kleine Kätzchen in Richtung Scheune.

„Los, die Leiter rauf!" ruft er.

„Ich kann nicht!" maunzt Tinka.

„Die ist nicht hoch!" sagt Willi sehr bestimmt. „Immer schön einteilen! Zwei Sprossen genügen, nachher wieder zwei. Wir fangen langsam an!"

Das gefällt der Tinka. Nun hat sie schon sechs Sprossen geschafft, hurra, nun ist sie oben! Da raschelt es im Stroh. Tinka springt entsetzt zur Seite.

„Das ist doch nur ein schwarzer Käfer!" sagt Willi grinsend. „Guck mal, der hat Angst vor dir!"

„Hurra", schreit Tinka, „wirklich, ich hab' ihn vertrieben!"

Wieder raschelt es.

„Huch, eine Maus! Eine Riesenmaus!" schreit Tinka entsetzt. Aber die Maus verschwindet wie der Wind unter einem Strohballen.

„Die hat ja wirklich Angst vor mir!" ruft Tinka stolz.

„So, und jetzt nehmen wir uns den kleinen Kläffer vor, den Egon!"

ruft Willi. „Leiter runter, mit dem Po zuerst, nicht mit dem Kopf! Ein Bein nach dem anderen!"

Da schießt auch schon laut bellend der freche Egon heran.

„Buckel machen, fauchen, Zähne zeigen, Blitze sprühen!" schreit Willi.

Und wirklich! Tinka plustert sich auf.

Nun ist sie ein gelber, feuerspeiender, fauchender Drache!

Da springt auch schon Willi herunter, faucht und zeigt die Zähne. Egon hetzt mit eingezogenem Schwanz davon, als ob der Teufel selbst hinter ihm her wäre.

„Wir haben ihn vertrieben!" sagt Tinka stolz. „Warte nur, Willi, in zwei Wochen schaff' ich das ganz alleine!"

„Bestimmt", brummt der dicke, starke Willi und leckt ihr mit seiner rauhen Zunge aufmunternd über den Kopf.

Die Zauberwürste

Zum Katzengeburtstag hat Katze Murr ihren Freunden aufgeschrieben, was sie gar nicht leiden kann. Wer kann die „Zauberwürste" als erster entschlüsseln?

13

Kasimir im 5. Stock!

Hinter der Gardine
hockt mit Trauermiene
Kasimir seit vielen Stunden.
Dreht so gerne seine Runden
durch das frische grüne Gras.
Hei, das wär' doch was!
Wiesenluft!
Mäuseduft!
Schnelle Flügel
über Hügel.

Maunz, das wär' ein Spaß!
Oh, er rümpft die Nas' –
Katzenbaum und Katzenhaus,
Katzenklo – igitt – ein Graus!
Schleifchen, Federkissen auch,
Kamm und Bürste für den Bauch.
„Schrecklich!" stöhnt der Kasimir,
„morgen saus' ich durch die Tür,
auf mein Katerehrenwort!
Morgen früh bin ich schon fort!"

14

Die Katze mit dem Hut

Die Kinder sitzen im Kreis und singen, ohne sich nach der Katze umzudrehen:

„Die Katze trägt heut einen Hut,
der Hut, der Hut, der steht ihr gut.
Doch dir wird er noch besser stehn,
paß auf, gleich wird etwas geschehn!"

Die Katze läuft mit einem Hut oder einer Mütze auf dem Kopf um den Kreis herum. Plötzlich stülpt sie einem Kind die Mütze auf.

Das Kind saust hinter der Katze her und versucht, sie zu fangen. Wenn es die Katze fängt, muß sie den Hut wieder nehmen und es bei einem anderen Kind versuchen.

Wenn die Katze aber rechtzeitig den frei gewordenen Platz erreicht hat, muß das Kind, dem sie die Mütze aufgesetzt hat, die Katze sein.

15

Ist die Maus im Haus?

Ein Spieler steht mit dem Gesicht an einer Mauer. Er ist die Katze und hat einen langen Schwanz umgebunden.

Die Mäuse stehen in einer Entfernung von etwa 20 m in einer Reihe nebeneinander. Sie müssen versuchen, sich an die Katze heranzuschleichen und sie am Schwanz zu ziehen. Die Katze sagt:

„Ist die Maus im Haus,
ist's mit ihr aus, aus, aus!"

Beim dritten „aus" darf sie sich umdrehen. Die Mäuse müssen sofort stillstehen. Wer sich bewegt hat und von der Katze gesehen wird, muß an den Start zurückgehen. Sieger ist, wer als erster die Katze am Schwanz gezogen hat. Er darf die nächste Katze sein.

16

Die Katzenparty

Ihr wollt eure Freunde zu einer Katzenparty einladen, eine gute Idee!

Es macht Riesenspaß, die Dekoration dafür zu basteln, Kostüme und Spiele auszuprobieren. Schon lange vorher könnt ihr eure Einladungskarten basteln und schreiben. Denkt auch rechtzeitig daran, daß der Raum „katzenmäßig" ausgeschmückt werden muß, mit lustigen „Ringelschwanzkatzen" an den Wänden und vor dem Fenster und „Katzentänzen" quer durch den Raum.

Wenn eure Gäste kommen, geht's erst mal an die große Kostümkiste und an die Schminksachen!

Ihr habt für eure Gäste schon Katzenkostüme, Katzenmasken, Katzenhüte, Katzenschwänze usw. bereitgelegt. Und wer gar nichts Passendes findet, der bekommt wenigstens einen lustigen Katzenschnurrbart aufgemalt.

Und nach der Katzenmahlzeit wird gespielt! Und nun viel Spaß bei eurer Katzenparty! Miau, miau . . .!

Eine Einladungskarte zur großen Katzenparty

einen Bogen Zeichenpapier
Kleber
Malstifte
Schere

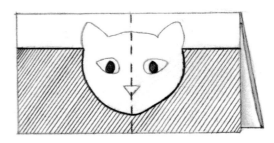

Der Bug ist die Mitte des gemalten Katzenkopfes. Das schraffierte Stück abschneiden.

Faltung 1

Entlang der gestrichelten Linie nach innen falten.

Faltung 2

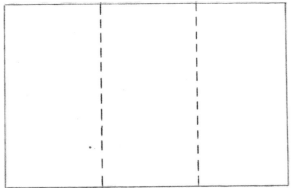

Den Bogen in drei gleiche Teile falten. Diese drei Teile wie ein Heft entlang der gestrichelten Linien nach innen zusammenfalten.

Den Teil mit dem Katzenkopf hochklappen und den Kopf entsprechend der Faltung 1 und 2 falten. Entlang der durchgehenden Linie nach oben falten.
Entlang der gestrichelten Linie nach innen falten.

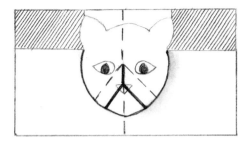

Die schraffierten Felder festkleben.

Den Katzenkopf bunt anmalen.
Dann die Zunge ankleben, die nach
innen gefaltet wird.

Man kann auch Zähne ankleben.
Der Hintergrund kann nach eigener
Phantasie ausgestaltet werden.

Katzenkostüm für die Katzenparty

Ihr braucht:
schwarzes und weißes Kreppapier
rotes, grünes und schwarzes Tonpapier
Pfeifenputzer, Kleber, Schere, Nadel
und Faden

Eine schwarze Gymnastikhose und ein schwarzes T-Shirt sind das Fell. Die Vorderpfoten sind weiße Fausthandschuhe, die hinteren Füße stecken in weißen Socken und weißen Turnschuhen.

Um die Taille wird eine schwarze Kordel gebunden, deren Ende hinten herunterhängt, das ist der Katzenschwanz.

Aber das Wichtigste ist die Katzenmaske.

Aus dem schwarzen Kreppapier ein Rechteck ausschneiden und durch die obere lange Seite einen Faden ziehen.

Die schraffierten Flächen zusammenkleben. Die obere Kante mit dem Faden fest zusammenziehen, so daß eine Mütze entsteht.

Die Mütze umkrempeln. Der abgebundene Zipfel kommt nach innen. Die Mütze über den Kopf bis auf die Schultern ziehen, vorsichtig ertasten, wo Augen und Mund sind. Leicht mit Filzstift markieren.

Die Mütze wieder abnehmen und die schraffierten Flächen abschneiden.

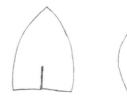

Zwei Halbkreise aus grünem Tonpapier auf die Augenpunkte kleben und vorsichtig zwei Löcher hineinschneiden.

Das Ohr etwa 2 cm tief einschneiden und die Schnittkanten wieder übereinander kleben.

Ein Dreieck aus rotem Tonpapier auf den Mundpunkt kleben. Zwei Pfeifenreiniger durch das Dreieck stekken, so daß sie auf der anderen Seite wieder gleich lang herauskommen.

Unten einen kleinen Rand abknikken und an die Mütze kleben.

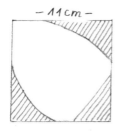

– 11 cm –

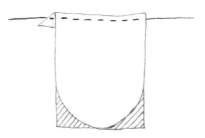

Für die Ohren aus schwarzem Tonpapier zwei Quadrate ausschneiden, und die schraffierte Fläche abschneiden.

Wenn die Katze einen weißen Fleck auf der Brust haben soll, aus weißem Kreppapier ein Rechteck ausschneiden, die obere kurze Seite 2 cm breit umfalten, mit der Nadel eine Schnur durchziehen. Die schraffierten Flächen abschneiden.

Katzenhüte für Katzenfeste

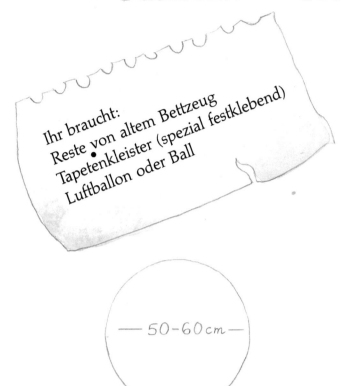

Ihr braucht:
Reste von altem Bettzeug
Tapetenkleister (spezial festklebend)
Luftballon oder Ball

Den eingekleisterten Stoff über einen Ball oder einen aufgeblasenen Luftballon legen. Der Rand des Hutes wird nach außen gewellt.

— 50–60 cm —

Aus dem Bettzeug ein rundes Stück Stoff ausschneiden (Durchmesser 50 bis 60 cm).

Den Hut ein bis zwei Tage gut trocknen lassen, dann von der Form nehmen und mit Bändern, Schleifen, Papierblumen und Federn schmücken.

Mit Tapetenkleister gut durchkneten.

Was kleine Katzen gerne trinken

Rosa Katzenhimmeltrunk

1 l Frischmilch, 3 Eßlöffel Sanddornsirup, 1 Eßlöffel Honig, etwas Vanillepulver (eventuell eine Spur Zimt)

Zaubertrunk für gelbe Löwenkatzen

1 l Frischmilch, Apfelfriate (Reformhaus), Honig oder Ahornsirup nach Geschmack, eine Spur Zimt und Vanille, drei Bananen

Blauer Katzenhexentrunk

1 l Frischmilch, 5 Eßlöffel Heidelbeersaft, Holundersaft oder 100 g Beeren (frisch oder aus dem Glas), Honig oder Ursüße (Reformhaus), nach Geschmack etwas Apfelsinensaft

Die Zutaten für diese drei köstlichen Getränke nur jeweils gut durchmixen, schon sind sie fertig.

Lustige Zeitungskatze

Ihr braucht:
Zeitungen
eine kleine Schere
ein großes Stück farbige Pappe
Kleber
etwas rosa Seidenpapier
ein rotes Band

Die angegebene Schablone vergrößern, ausschneiden und auf die farbige Pappe kleben.

Ungefähr 10 cm lange, 2 cm breite Streifen Zeitungspapier zurechtschneiden, falten und von der offenen Seite her vier- bis fünfmal einschneiden.

Die Schnipsel an der schraffierten Fläche aufkleben. Wenn der Körper (außer dem Gesicht!) beklebt ist, die Fransen vorsichtig hochziehen, so daß sie wie ein Fell wirken.

Augen und Nase aus rosa Seidenpapierkugeln auf das Gesicht kleben. Um den Hals ein rotes Band binden. Zum Schluß werden überstehende Schnipsel abgeschnitten.

Der Rätselwurm

Kater Mohr hat eine Menge Wünsche zum Geburtstag. Ob du herausfindest, was er in seiner Katzensprache meint? Der letzte Buchstabe ist zugleich der Anfang des neuen Wortes:

Baumauspeckarpfenugatrauben

Molli will was andres sein!

Die Tigerkatze Molli vom Bauern-hof des Bauern Schulze hatte das rosa Schnäuzchen gestrichen voll.

„Ich will nicht mehr Katze sein!" maunzte sie. „Ich geh' zur Oberhexe Birribor! Die soll mich verwandeln! Jeden Tag hetzen mich die Hof-hunde! Ich bin meines Lebens nicht mehr sicher! Ich will selbst ein Hund mit scharfen Zähnen sein!"

Mit fünf Mäuseschwänzen und dreizehn Rattenzähnen als Entgelt für ihre Zauberkünste marschierte Molli zur Oberhexe. Die Hexe zog die Stirne kraus und schüttelte bedenk-lich ihre wilden Haare. Aber dann schwang sie ihren Besen und rief:

„Birri-burri-bor,
komm als Hund hervor!"

Schon rannte Molli bellend über den Hühnerhof. Aber nach drei Tagen kam sie zur Hexe zurück.

„Ich will kein Hund mehr sein!" klagte sie. „Immer an der Kette vor der Hundehütte liegen, das ist ja schrecklich! Knochen abnagen, das gefällt mir auch nicht. Ich möchte frei sein! Ein Pferd möchte ich sein! Über Wiesen will ich laufen!"

Die Oberhexe zog bedenklich die Stirn kraus. Aber dann schwang sie ihren Hexenbesen und rief:

„Birri-burri-bor,
lauf als Pferd hervor!"

Und schon trabte Molli wiehernd über den Hühnerhof. Aber nach drei Tagen kam sie wieder zur Hexe.

„Ich will kein Pferd mehr sein!" sagte sie. „Immer den schweren Ackerwagen ziehen müssen und eine Fessel im Maul tragen, das ist schrecklich! Ich möchte frei sein! Ein Vogel möchte ich sein, eine Lerche."

Die Hexe schwang ihren Hexen-besen und rief:

„Birri-burri-bor,
flieg als Vogel hervor!"

Und schon hob Molli sich trillernd in die Lüfte. Aber nach drei Tagen kam sie wieder zur Hexe zurück.

„Ich will keine Lerche mehr sein! Immer in Angst und Schrecken leben, daß ein Raubvogel mich erwischt, daß meine Eier auf dem Feld zertrampelt werden, das ist schrecklich! Ich möchte wieder eine Katze sein, und nie mehr etwas anderes! Ich will nicht an der Kette liegen, ich will nicht Zaumzeug oder Sattel tragen, ich will mich nicht vor dem Raubvogel fürchten müssen! Ich will frei sein!"

Und so ist es gekommen, daß Molli und all ihre Kinder noch heute stolz und frei als Katzen leben. Sie folgen nur ihren eigenen Launen und wollen für alle Zeiten nur ihr eigener Herr sein.

Geh auf die Suche!

Das untere Bild sieht auf den ersten Blick genauso aus wie das obere. Es sind aber zehn Fehler darin versteckt. Ob du sie entdeckst?

Katzentanz

Ihr braucht:
buntes Tonpapier
Bleistift
Buntstifte
Schere

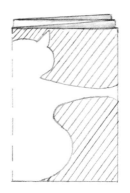

Die schraffierte Fläche vorsichtig abschneiden.

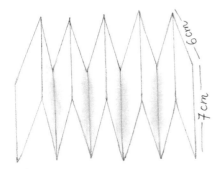

Vom Tonpapier einen Streifen (etwa 7 cm x 60 cm) abschneiden. Diesen Streifen wie eine Ziehharmonika in gleich große, etwa 6 cm große Vierecke falten, so daß die Faltkanten immer genau übereinander liegen.

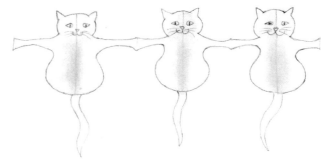

Dann den einzelnen Katzen Augen, Barthaare, Mund und Nase aufmalen. Einen Schwanz entweder malen oder aus einem Streifen Papier ausschneiden und aufkleben.

Mehrere „Katzenstreifen" können zu einer langen Girlande zusammengeklebt werden.

Als Tischschmuck auf den Tisch legen oder quer durch den Raum spannen.

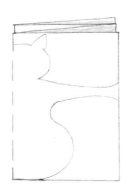

Mit Bleistift die Umrisse einer halben Katze zeichnen.

Katzenblinzeln

Die Mitspieler bilden zwei Gruppen.

Eine Gruppe hat einen Spieler mehr als die andere: das sind die Katzenwächter.

Stühle werden im Kreis zusammengestellt, so daß hinter jedem Stuhl ein Wächter steht. Die Wächter müssen die Hände auf dem Rücken haben.

Die andere Gruppe setzt sich als Katzen auf die Stühle. Ein Stuhl bleibt frei. Nun blinzelt der Katzenwächter, dessen Stuhl leer ist, einer Katze zu.

Diese versucht, ihrem Wächter zu entkommen und sich auf den freien Stuhl zu setzen.

Wenn es der Katze gelingt, ihrem Wächter zu entkommen, muß sie quer durch den Kreis auf den freien Platz rennen.

Am Ende einer Spielphase tauschen Katzenbewacher und Katzen dann ihre Plätze.

Die blinde Katze

Die Katze hat die Augen verbunden. Die Mäusekinder trippeln um die Katze herum und rufen:

„Katze, kannst du gar nichts sehn?
Katze, sieh! Wir bleiben stehn!
Darf sich keiner rühren.
Sag, kannst du uns spüren?
Katze, komm, betaste mich!
Katze, sag schon, wer bin ich?"

Nun müssen alle Mäusekinder still stehenbleiben. Wenn die Katze ein Kind durch Betasten erkannt hat, werden die Rollen gewechselt.

31

Fingerpuppe „Schwarzer Kater"

Ihr braucht:
schwarzes Tonpapier oder Fotokarton
rotes und grünes Glanzpapier
Schere, Kleber
Bleistift

Augen, Nase und Mund aus Glanzpapier ausschneiden und aufkleben.
Die Barthaare aus Papierschnitzeln
oder Pfeifenputzern aufkleben.

Den Katzenkopf auf Tonpapier oder
Fotokarton aufmalen, ausschneiden
und einen Steg für die Halterung
dahinter kleben.

henden zwei Teile zusammenkleben und ebenfalls auf die Papprolle kleben.

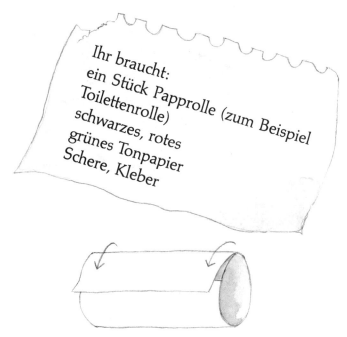

Die Papprolle mit schwarzem Tonpapier bekleben.

Der Schwanz kann aus Tonpapier oder Pfeifenputzern gearbeitet werden.

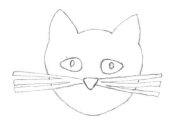

Den Kopf mit den Ohren ausschneiden und Augen, Nase und Barthaare (siehe Zeichnung) aufkleben.

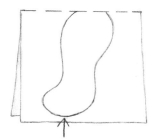

Vorder- und Hinterbeine werden im Faltschnitt ausgeschnitten, die entste-

Diese Katze kann aufrecht oder seitlich stehend gebastelt werden.
     Aus einer Waschmitteltonne kann man eine Riesenkatze basteln.

33

Kater Kuno ist krank

Schreibe die Tiernamen in die Kästchen unter den Bildern. Wenn du die Endbuchstaben aller Namen hintereinander liest, erfährst du, warum der Kater Kuno heute gar nicht fressen mag. Er hat nämlich . . . !

(Husten)

Im Katzenland

Auf kleine Zettel werden viele lustige Wörter geschrieben, die im weitesten Sinn mit Katzen zu tun haben. Z. B.:

Katzenmonster, Wolle, Fledermaus, Dachboden, Nacht, Eule, Mond, lautlos, getigert . . .

Die Zettel zusammenfalten und in einem Schuhkarton durcheinandermischen.

Jeder Spieler zieht 5 – 7 Zettel und denkt sich eine spannende Katzengeschichte mit den gezogenen Begriffen aus. Der beste Geschichtenerzähler darf ein neues Spiel vorschlagen.

Rätselhaftes Katzen-Abc

Kannst du diese Sätze im Katzen-Abc lesen?

muvnd ubua tumm.
ГЕСКТ ЕUЕВ FELL

lpknz cvrkbaad mzbd
cvrmuvnd xpu mpknu itjdu

Kannst du diese Sätze im Katzen-Abc schreiben?

Fang die flinke Maus.

Katzenkinder spielen gerne.

Minka trinkt gerne Milch.

Mohrles Lieblingsmäuse

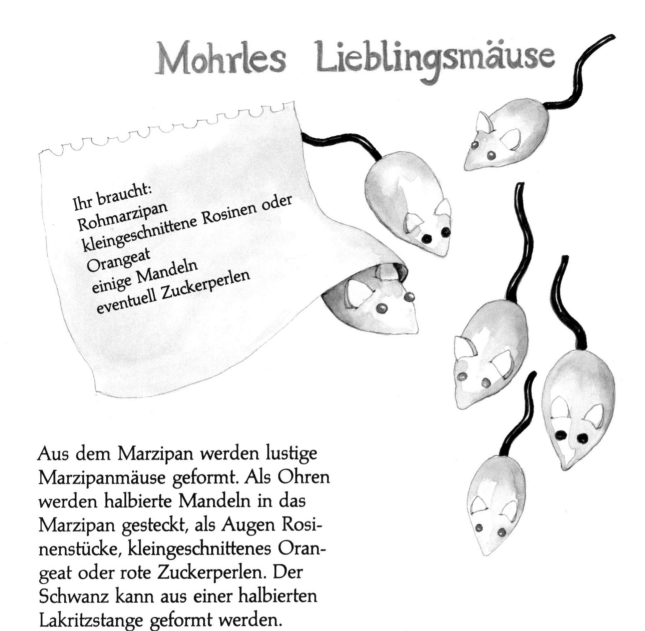

Ihr braucht:
Rohmarzipan
kleingeschnittene Rosinen oder
Orangeat
einige Mandeln
eventuell Zuckerperlen

Aus dem Marzipan werden lustige Marzipanmäuse geformt. Als Ohren werden halbierte Mandeln in das Marzipan gesteckt, als Augen Rosinenstücke, kleingeschnittenes Orangeat oder rote Zuckerperlen. Der Schwanz kann aus einer halbierten Lakritzstange geformt werden.

Mach kein Theater, sprach der Kater

Ich reim' mich auf Haus,
sprach die Maus.
Ich reim' mich auf Turm,
sprach der Regenwurm.
Ich reim' mich auf Lachs,
sprach der Dachs.
Ich reim' mich auf Schnee,
sprach das Reh.
Ich reim' mich auf Nase,
sprach der Hase.
Ich reim' mich auf Theater,
sprach der Kater.
Auch ich mach' es kurz,
ihr seid mir alle schnurz.
Ich mach' kein langes Theater
wie andere Kater.
Ich fang' mir 'ne Maus,
und die Geschichte ist aus.

Ab ins Loch!

Auf dem Spielfeld sind mit Reifen
oder Seilen „Nester" ausgelegt,
das sind die Löcher der Mäuse.
Eine ungerade Anzahl von Mäu-
sen tanzt um die Löcher herum.
Auf den Ruf

*„Ins Loch hinein,
die Katze schleicht herein!"*

müssen die Mäuse zu zweit in
die „Löcher" hineinschlüpfen. Eine
Maus findet keinen Partner. Sie
bleibt übrig. Die Katze nimmt sie
mit.

   Das Mäusepaar, das zuletzt
übrigbleibt, darf die neue Katze
bestimmen.

Suchspiel für Kater Mink

Der rabenschwarze Kater Mink will auf seinem morgendlichen Streifzug durch den Garten, über die Wiese und durch die Felder gehen.
Kaum ist er aus der Gartentür heraus, da piepst schon Mäusevater Ottokar: „Los, versteckt euch!" Und der Eichelhäher hoch oben auf dem Baum schnarrt: „Der schwarze Räuber kommt! Gefahr! Gefahr!"
Schnell sind alle Tiere verschwunden. Wenn du ganz genau hinschaust, kannst du entdecken, wie viele Mäuse und Vögel sich versteckt haben.

(fünfundzwanzig)

40

Napfkuchen für hungrige Katzenmäuler

Ihr braucht:
5 Eier
1½ Tassen Zucker oder Ursüße (Reformhaus)
1 Tasse Öl
200 g gemahlene Haselnüsse
2 Tassen Mehl (Type 1050)
1 Päckchen Backpulver
1 Tasse Nesquick
1 Tasse Mineralwasser
1 Prise Salz
abgeriebene Zitronen- und Orangenschale (ungespritzte Früchte)
etwas Vanillepulver
½ Fläschchen Rumaroma, etwas Zimt

Alle Zutaten in der angegebenen Reihenfolge mit dem Handrührgerät vermengen. Der Teig ist recht dünnflüssig.

Den Teig in eine sehr gut gefettete Springform oder in eine Katzenbackform geben.

Den Ofen vorheizen. Backzeit: 60 Minuten bei 170° C im Umluftherd, 60 Minuten bei 190° C im Standardherd.

Mit einer Stricknadel prüfen, ob der Kuchen gar ist. Wenn beim Reinstechen kein Teig an der Stricknadel hängenbleibt, kann der Kuchen zum Abkühlen auf einen Kuchenrost gestürzt werden.

Auf den abgekühlten Kuchen die Pappschablone legen (siehe nebenstehende Zeichnung) und die Ränder mit Puderzucker bestäuben. Wenn man die Schablone abnimmt, wird der Katzenkopf sichtbar.

Stille Katzenpost

Der erste Spieler flüstert seinem Nachbarn einen kurzen Satz ins Ohr. Dieser Spruch wird flüsternd an den Nachbarn weitergesagt. Wetten, daß am Schluß eine ganz lustige Wortfolge herauskommt, die nur noch wenig Ähnlichkeit mit dem ursprünglichen Satz hat? Vorschläge für die Katzenpost:

Kater Kuno klaut knackige Knackwürste.
Mieze Minka mag mollige Micky-mäuse mampfen.

Bunte RingelschwanzKatzen

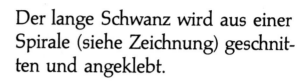

Ihr braucht:
Tapetenreste
Zirkel
Schere
Buntpapier

Der lange Schwanz wird aus einer Spirale (siehe Zeichnung) geschnitten und angeklebt.

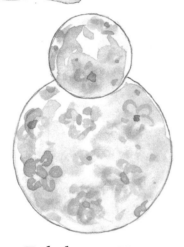

Mit dem Zirkel zwei Kreise auf die Tapetenreste zeichnen, ausschneiden und so aufeinanderkleben, daß die schöne, bunte Seite von beiden Kreisen nach außen zeigt.

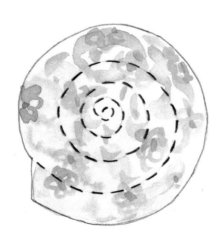

Aus Buntpapier Augen, Nase und Ohren ausschneiden und aufkleben. Die Barthaare aus Papier oder Pfeifenputzern arbeiten und auch ankleben.

Nun können die Ringelschwanzkatzen an langen Fäden von der Decke oder vor dem Fenster baumeln.

Die kleine Käseknabbermaus

Ihr braucht:
grauen Pappkarto[r]
ein Stück stärkere[s]
gelbes Tonpapier
Buntstifte, eine Wäscheklammer
ein Stück Kordel, Kleber

In das gelbe Tonpapier Löcher ausschneiden und es als „Schweizer Käse" zwischen die Wäscheklammer stecken, der Maus ins Mäulchen.

Die Mausform mit dem Mäusegesicht auf die graue Pappe aufmalen, ausschneiden und den Kordelschwanz ankleben.

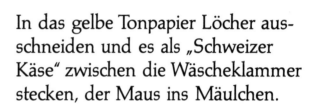

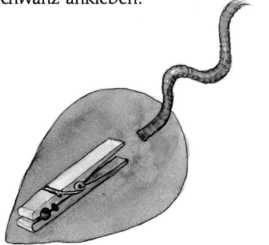

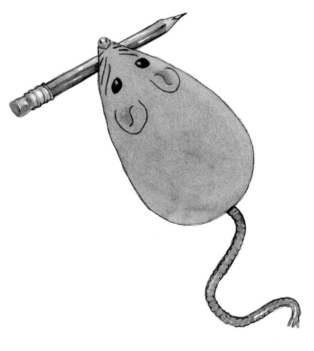

Auf der Unterseite wird die Wäscheklammer mit Kleber befestigt.

Statt Käse kann die Maus auch Zettel, Stifte oder einen Radiergummi ins Mäulchen nehmen.

Süße Katzenknusperchen

Die Sonnenblumenkerne mit wenig Fett in der Pfanne anrösten, bis sie hellbraun sind. Danach Sesam und geriebene Haselnüsse ebenfalls kurz anrösten.

Die Schokolade in Stücke brechen und zusammen mit dem Kokosfett bei geringer Hitze schmelzen lassen, vom Herd nehmen und die anderen Zutaten unterrühren.

Die Masse etwas abkühlen lassen und mit zwei Teelöffeln kleine Portionen auf ein Backblech setzen. Über Nacht trocknen lassen und in Pralinentütchen setzen.

Wenn ihr statt der üblichen Schokolade die Carob-Schokolade (aus Johannisbrotmehl, Reformhaus) verwendet, habt ihr besonders gesunde Katzenknusperchen.

Findest du die Reimworte?

Kater Murr streift auf der Wiese am
See umher. Er entdeckt, daß immer
die Gegenstände oder Lebewesen
zusammengehören, die sich reimen.
Welche zwei gehören zusammen?
Findest du die Reime?

Maus	Haus
Reh	See
Käfer	Schäfer
Hose	Dose
Fisch	Tisch

47

MiezeKatze – Katzenpfote

Der erste Spieler sucht sich ein zusammengesetztes Hauptwort, in dem das Wort „Katze" vorkommt, zum Beispiel: Katzenkorb oder Raubkatze oder Katzenbaum … Dann wirft er einem anderen Spieler eine kleine Stoffkatze oder einen Ball zu.

Der Fänger muß aus dem letzten Teil des Wortes ein neues Wort bilden. Wenn sich die Wortschlange nicht mehr weiter fortsetzen läßt, muß man mit einem neuen Wort anfangen.

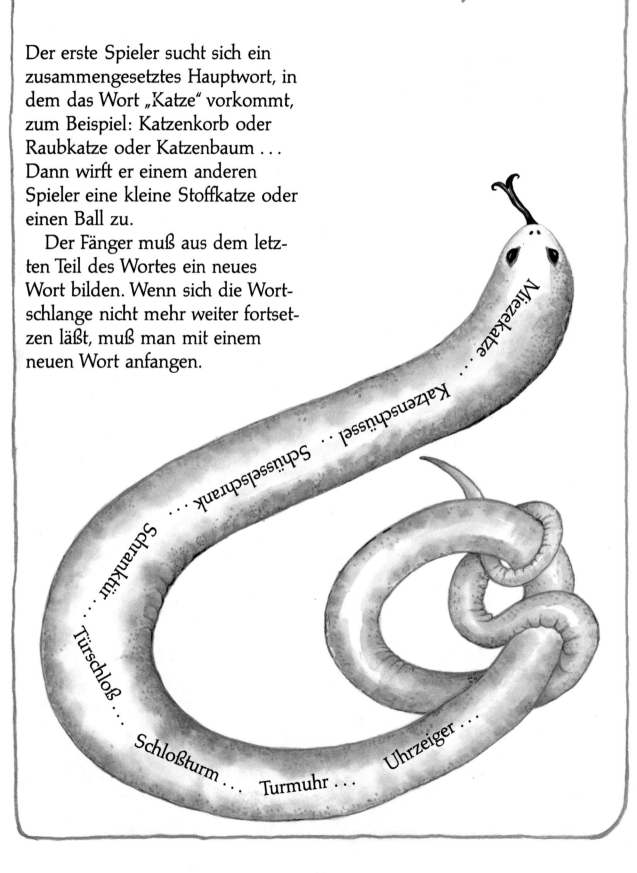

MiezeKatze … Katzenschüssel … Schüsselschrank … Schranktür … Türschloß … Schloßturm … Turmuhr … Uhrzeiger …

48

Kater Murr jagt fauchend die kleinen Gespenster

Jeder Spieler hat ein Blatt Papier mit senkrecht gezogenen Linien vor sich liegen. Nun schreibt jeder einen lustigen Satz aus dem Leben der Katze auf.
Danach setzt jeder Spieler einen weiteren Begriff in die erste Spalte und faltet das Wort weg, damit der nächste Spieler die ersten Begriffe nicht lesen kann.

Dann reicht er das Blatt dem nächsten Spieler, der nun ein Verb (Zeitwort) unter das Wort „spielt" schreibt, in der nächsten Runde ein Adjektiv (Wiewort) unter „gerne" und so weiter.
Zum Schluß stehen auf jedem Zettel ganz lustige Sätze, die ihr euch gegenseitig unbedingt vorlesen müßt.

Eine wirklich wahre Katzengeschichte

(bei der Katzenparty vorzulesen)

Wenn ihr meint, daß etwas an dieser Geschichte nicht ganz stimmt, macht einen dicken Strich auf euren Zettel (oder auf das Papiertischtuch)! Wer hat am Schluß die meisten Striche?

Die Katze Minka saß in ihrem Körbchen. Sie leckte ihr *blaues* Fell. *„Wau!" bellte sie,* „das dauert aber lange, bis meine *langen Hasenlöffel* sauber sind! Dafür hab' ich es mit dem *kurzen Stummelschwänzchen* um so leichter! Wenn ich bloß nicht so *lange Hinterbeine* hätte! Aber wenigstens kann ich damit *gut Haken schlagen,* wenn die Hunde hinter mir her sind! Das Beste sind natürlich meine *langen Fühler* und mein *Saugrüssel!* Hm, der *Honig* aus den bunten Blumen *schmeckt so gut!"* Sie fuhr sich mit der *lila Zunge* über das Schnäuzchen.

„So, nun bin ich sauber!" *piepste* sie ganz stolz. „Jetzt kann ich meinen *Freund, den grünen Dino* mit dem langen Hals, besuchen. Der wartet schon bei den Palmen auf mich!"

„Guten Morgen, lieber großer Bronto!" *krähte* sie. „Bitte streck den Hals zu mir runter! Ich hab' so Lust, auf dir zu reiten!"

Da senkte der große Dino seinen langen Hals zu Minka herab. Flink kletterte sie hoch, und nun saß sie ganz stolz auf seinem Rücken. „So, und nun breite die *Flügel* aus! Und die *Flossen* auch! Wir wollen hoch fliegen, höher und *höher – bis ins tiefste Meer* hinein . . .!"

Mit gewaltigem Schwung *stieg* der Dinosaurier *in die Höhe.* Ob sie bis zum Mond geflogen sind? Da oben soll es ja noch viele *riesige Dino-Eier* geben. Sie warten nur darauf, daß sie einer ausbrütet . . .!

50

Labyrinth – Rätsel

Die Katze hat sich über Mutters Wollkorb hergemacht. Nun hat sie die Puppenmütze und den Puppenstrumpf schon ziemlich aufgeribbelt. Mit welchem Wollfaden spielt sie jetzt?

Katzenhexe – ich wünsch' mir was!

Einmal im Jahr dürfen sich die allerkleinsten Katzen etwas wünschen. Aber wirklich nur die ganz kleinen, struppigen Katzenkinder, die am 30. November geboren sind, nicht die frechen, dicken Maikatzenkinder!

Einmal im Jahr, mitten im Winter, düst die alte graue Katzenhexe mit ihrem modernen, raketengetriebenen Reisigbesen hinunter auf die Erde. Sie wohnt in den Mondbergen.

Diesmal ist sie geradewegs auf der Scheune von dem dicken Bauern Schmitt gelandet. Die Scheune trägt eine weiße Schneemütze.

Brr, ekelhaft, dieser feuchte, kalte Schnee! Laut miaut sie:

„Hui – hui – eins, zwei, drei!
Novemberkätzchen – kommt herbei!
Wünscht euch was – freiheraus!
Die Katzenhex' sitzt auf dem Haus!"

Da kommen die kleinen Novemberkatzen schnell angetrippelt.

„Miau", maunzt die erste. „Meine Pfoten sind so kalt! Zaubere mir doch hübsche schwarze Stiefelchen!"

„Schon gemacht – wär' doch gelacht!" ruft die Katzenhexe.

„Miau", bittet die zweite Katze. „Ich möchte ein ganz weiches, warmes Ofenkissen."

„Schon gemacht – wär' doch gelacht!" maunzt die Katzenhexe.

„Zaubere dem Weidenbaum doch bitte eine ganz scharfe Rinde! Dann kann ich meine Krallen daran schärfen!" erbittet sich die dritte Katze.

„Schon gemacht – wär' doch gelacht!" kichert die Katzenhexe.

„Ich will hören können, was die kleinen Mäuse tief unten in ihren Gängen sich für Witze erzählen! Mäusewitze müssen wunderbar sein!" schwärmt die vierte Katze. „Zaubere mir doch bitte ganz scharfe Ohren!"

„Schon gemacht – wär' doch gelacht!" maunzt die Katzenhexe. „Viermal zaubern und nicht mehr, nächstes Jahr komm' ich wieder her!"

Und damit düst die Katzenhexe auf ihrem raketengetriebenen Reisigbesen wieder in ihre Mondberge.

Katzenkuchen auf dem Blech

Ihr braucht: für den Teig:
1 Becher Sahne
2 Becher Mehl
3 Eier
1 Becher Zucker
1 Päckchen Backpulver
nach Geschmack etwas reines Vanillepulver
und abgeriebene Zitronenschale (Citro-
back). (Der Sahnebecher ist das Maß
für die Zutaten.)

Für den Guß:
250 g Puderzucker
3 Eßlöffel Zitronensaft
Statt Zitronensaft kann man für roten
Zuckerguß Kirschsaft oder anderen
Fruchtsaft nehmen.

Den Backofen auf 190° C vorheizen.
Die Zutaten für den Teig zusammen-
rühren und auf ein gefettetes Blech
gießen. Etwa 20 Minuten bei 190° C
backen.

Wenn der Kuchen abgekühlt ist,
den angerührten Zuckerguß über
den Teig streichen.

Zum Schluß wird mit Zuckerfarbe (ungiftige Lebensmittelfarbe in
der Spritztüte) eine lustige Katze
und eine kleine Maus aufgespritzt
und mit Smarties bunt verziert.

Man kann auch einen schwarzen
Katzenkörper aus dünn geschnitte-
nen Lakritzfäden auf das Blech zaubern. Leuchtend grüne Katzenaugen
(Bonbons, Smarties) sehen toll dazu
aus.

Die Katze läßt das Mausen nicht

Der Spielleiter versteckt im Raum viele kleine Mäuse (Anleitung Seite 59). Alle anderen Kinder sitzen als Katzen im Kreis zusammen. Wenn der Spielleiter dreimal laut miaut, springen alle auf und suchen die Mäuse.

Nach einer Weile miaut der Spielleiter wieder. Dann setzen sich alle auf ihren Platz und zeigen ihre Beute vor.

Zur Übung: wie viele Mäuse sind auf diesem Bild versteckt?

(zwanzig)

Schnell hinein ins Mauseloch!

Bänder aus Kreppapier zu Kreisen zusammenlegen. Im Freien kann man auch Kreise auf den Asphalt malen oder in die Erde zeichnen.

In jedem Kreis hockt eine Maus. In einiger Entfernung lauert die Katze. Nun ruft der Mäuseboß, der in der Mitte steht:

„In der Küche liegt der Speck, los, ihr Mäuse, nichts wie weg!"

Die Mäuse müssen ihre Löcher verlassen und auf die Suche gehen.

Sie laufen eine Weile zwischen den Kreisen hin und her, bis der Oberboß schreit:

„Die Katze kommt!"

Jetzt saust die Katze herein und versucht, eine Maus zu erwischen. Die Mäuse können sich durch einen Sprung in ein Loch (Kreis) retten. Wenn die Katze eine Maus erwischt hat, werden die Rollen gewechselt: die Katze darf Maus sein, die Maus wird neuer Mäusefänger.

Papiermäuse

Ihr braucht:
graues Tonpapier, weißes Papier
Kleber, graue Wolle
Schere
Buntstifte

Die Augen aus weißem Papier ausschneiden und aufkleben.

Diese kleinen Mäuse sind ein hüb-
scher Tischschmuck für die Katzenparty: die Form aus grauem Tonpapier ausschneiden.

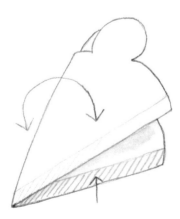

Die Längsseiten zusammenkleben.

Zum Schluß den langen, grauen
Wollfaden als Schwanz festkleben.
Die Barthaare und das Schnäuzchen
werden aufgemalt.

Da kommt Kater Fritz!

Eines der Kinder ist der wilde Kater Fritz. Er hat ein rotes Band um das Handgelenk geschlungen. In der Tasche hat er noch weitere rote Bänder. Die anderen Kinder sind Karpfen, sie tragen ein blaues Tuch oder Band. Die Karpfen „schwimmen" mit ausgebreiteten Armen langsam im Kreis herum, bis der Karpfenkönig schreit:

„Schwimmt fort wie der Blitz, dort kommt der Kater Fritz!"

Nun sausen die Karpfen los und versuchen, dem Kater zu entkommen.

Wenn der Kater einen Fisch gefangen hat, bindet er ihm ein rotes Tuch (Band) um. Nun sind beide Karpfenfänger. Sie fassen sich an und fangen nun gemeinsam.

Wenn die Kette der Fänger zu lang wird, bilden sie ein Netz. Sie müssen damit einen Fisch einschließen.

Der letzte Karpfen wird der neue Kater Fritz.

Meine Lieblingskatze

Nacheinander werden den Spielern die Augen verbunden.

Vor ihnen liegen Farbstifte und ein Blatt Papier.

Nun soll jeder seine Lieblingskatze aufmalen.

Da kann eine Katze einen grünen Schwanz bekommen, der über den Ohren wedelt, bei einer anderen Katze können vielleicht die Pfoten neben den Schnurrbarthaaren sitzen ...

Die Reise zum Mond

Kater Murr will eine Reise zum Mond machen. In seiner Rakete ist noch eine Menge Platz für die vielen Sachen, die er mitnehmen möchte. **M**ichael, der Spielleiter, fängt an: „Ich packe **M**ickymaushefte ein." Die darf er mitnehmen.

Dann wirft er dem Florian eine Spielzeugmaus zu. Wenn Florian die Maus fängt, dann darf er einpacken: „Ich nehme Katzenkekse mit!"

„Einfuhr streng verboten!" ruft Michael.

Auf die Reise zum Mond dürfen die mitfliegenden Katzen nämlich nur die Dinge mitnehmen, die den gleichen Anfangsbuchstaben haben wie ihr eigener Vorname. **F**lorian dürfte **F**isch, ein **F**ahrrad, einen **F**ußball und so weiter mitnehmen. So geht das Spiel weiter, bis alle Spieler den Trick herausgefunden haben.

Fingerpuppe Mini-Maunz

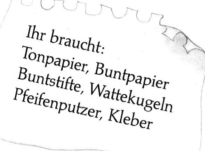

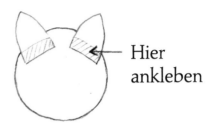

Dann die Ohren aus Buntpapier
ausschneiden und ankleben.

Hier
ankleben

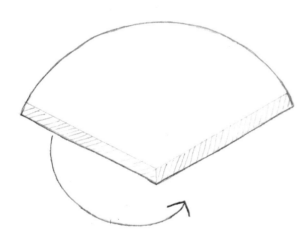

Einen Kegel (⅓ Kreis) aus Tonpapier
ausschneiden und an den schraffierten Flächen zusammenkleben.

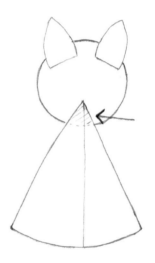

Zum Schluß den Kopf und den aus
Pfeifenputzern gedrehten Schwanz
an den Tonpapierkegel kleben.

Augen, Näschen, Mund und Barthaare auf die Wattekugel malen
oder aus Buntpapier ausschneiden
und aufkleben.

Wie die Feindschaft von Hund und Katze begann

(nach einem alten Volksmärchen)

Vor langer Zeit wollten die Tiere eine wichtige Versammlung abhalten. Von jeder Tierart mußte ein Abgeordneter erscheinen. Vögel, Fische und alle Vierfüßer kamen, nur der Elefant fehlte.

Die Tiere beschlossen, den Elefanten holen zu lassen. Das Los bestimmte den Hund zum Boten.

Der sagte: „Ich kenne den Elefanten nicht. Wie soll ich ihn finden?"

„Das ist leicht zu erkennen!" meinten die anderen Tiere. „Er hat einen Buckel auf dem Rücken!"

Da lief der Hund los. Nach einiger Zeit traf er auf eine Katze, die gerade ausgeschlafen hatte. Sie reckte und streckte sich und machte einen Buckel.

Der Hund lud sie mit höflichen Worten ein mitzukommen.

Als sie die Versammlung der Tiere erreicht hatten, rief der Hund stolz: „Hier habe ich euch den Elefanten mitgebracht!" Da lachten ihn alle Tiere aus.

Seit dieser Zeit sind sich Hund und Katze spinnefeind.

Katzenkarneval

Am Montag ist großer Katzenkarneval. Die Katzen haben sich schon lustige Kostüme ausgedacht. Schreibe die Namen für die Kostüme auf. Lies die Buchstaben in den grau getönten Feldern, dann erfährst du, als was Kater Mohrle auf das Fest gehen wird.

(Teufel)

Kuschelkissenspiel

Bunte weiche Kuschelkissen zu einem Kreis zusammenlegen. Es muß ein Kissen weniger sein, als es Kinder sind.

Nun schleichen alle als Katzen um die Kissen herum. Dazu wird eine lustige „Katzenmusik" vom Rekorder gespielt.

Wenn die Musik abbricht, muß jedes Katzenkind versuchen, sich auf ein Kissen zu retten.

Dabei versuchen alle, dem Kind, das kein Kissen erwischt hat, zu helfen und es mit auf ein Kissen zu ziehen.

Bei jedem Durchgang wird ein Kissen fortgenommen, so daß sich die Katzenkinder immer enger zusammenkuscheln müssen.

Bei der Katzenwäsche

Alle Kinder sitzen im Kreis. Der Spielleiter sagt: „Ich mache euch jetzt vor, wie sich Kater Maunz putzt."

Der Spielleiter räuspert sich zu Anfang, anfällig oder beginnt mit einem zögernden „also" und stellt dann alles, was er sagt, pantomimisch dar.

Pfoten lecken,
Pfoten lecken,
und die Hinterbeine strecken,
mit der Pfote übers Fell,
das geht ganz schnell.

Dann muß ein Kind nach dem anderen den Spruch sagen und die Bewegungen so genau wie möglich nachmachen.

Beim ersten Durchgang wird sicher noch niemand merken, daß auch das Räuspern (oder das gedehnte „also" am Anfang) zum Spiel gehört. Der Spielleiter muß die Katzenwäsche so oft wiederholen, bis mindestens drei Spieler den „Trick" mit dem Räuspern/ „also" herausbekommen haben. Jeder Spieler, der es weiß, darf mit dem Spielleiter zusammen die Katzenwäschen vormachen.

Kleine Affen trommeln eine Rumba

Alle Spieler haben Papier und Bleistift vor sich. Nun nennt der Spielleiter einen Begriff, der mit Katzen zu tun hat, zum Beispiel Kater.

In einer vorgegebenen Zeit (etwa 2 – 3 Minuten) schreibt nun jeder mit den Anfangsbuchstaben des Spielwortes einen Satz auf. Unsinnsätze sind erlaubt.

K a t e r: **K**leine **A**ffen **t**rommeln **e**ine **R**umba

M a u s: **M**ichael **a**ngelt **u**nterm **S**tuhl

Kleine Katzen müssen schlafen

„Mami! Willst du jetzt noch fortgehen?" fragt Mischi ganz entsetzt.

Die Katzenmutter leckt ihr zärtlich das weiche Fell. „Kleine Kätzchen müssen schlafen!" maunzt sie. „Ich muß noch Mäuse fürs Frühstück fangen! Ich komme bald wieder! Leg dich jetzt schlafen. Wenn du groß bist, kannst du auch nachts alleine durch die Wiesen streifen!"

„Ich bin auch schon stark und groß!" mault Mischi, aber da ist die Katzenmutter schon in großen Sätzen hinter dem Heuhaufen verschwunden. Mischi reckt und streckt sich, stellt den Schwanz hoch und schnuppert. Riecht interessant. Wupp – ist sie aus dem Katzenkorb herausgesprungen! Sie streift durch die Gartenbeete.

Eine schwarze Schnecke sitzt auf einer Erdbeere und schmatzt genüßlich vor sich hin. Mischi langt mit der Pfote nach dem Schneckenhaus.

70

„Dumme, dumme Mischi du,
	lauf nach Haus, laß mich in Ruh!"
sagt die Schnecke ärgerlich. Ein
Nachtfalter flattert dicht an Mischis
Nase vorbei. Mischi hebt die Pfote.
Aber er ist schon vorbeigeflattert.

Ein Igel trippelt an den Stockro-
sen vorbei. Er hat es auf die Grillen
abgesehen, die so schöne laute
Nachtmusik machen. Mischi streckt
die Pfote nach dem Stacheltier aus.

„Dumme Mischi, laß das sein,
	ab ins Körbchen, schlaf schnell ein!"
brummt der Igel. Da stolziert der
Hahn mit seinem feuerroten Kamm
noch einmal über den nächtlichen

Bauernhof. Er schlägt mit seinen
bunten glänzenden Flügeln. Mischi
macht große Augen.

Der Hahn stellt sich ganz dicht
vor Mischi auf und kräht:

„Ab ins Körbchen wie der Wind!
	Eins, zwei, drei, es wird nun Zeit,
	sonst sage ich dem Fuchs Bescheid!"
Da hat Mischi genug. Wie der
Blitz jagt sie in die Scheune zurück
und rein ins Körbchen. Dort wartet
schon die Katzenmutter und gibt ihr
einen Stups mit der Pfote. Dann
leckt sie ihr sanft das Fell, und
Mischi kuschelt sich an ihre Seite.
Und schon ist sie eingeschlafen.

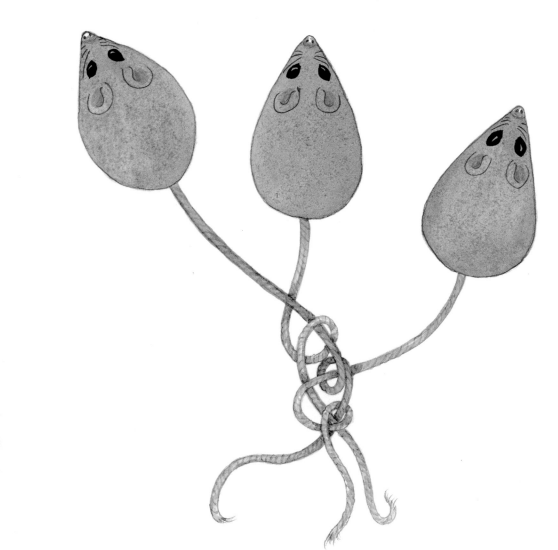

Schnell ins Loch, ihr Mäuschen!

Die Mäuse (z. B. die Klammer-
mäuse S. 45) bekommen einen
langen Mäuseschwanz aus einem
3 – 4 m langen, dünnen Wollfaden. Jeder Spieler hat eine leere
Garnrolle in der Hand. Alle Spieler sitzen nebeneinander.

Beim Startruf des Spielleiters:

*„Schnell, ihr Mäuse, ab ins Loch!
Die wilde Katze fängt euch doch!"*

wickelt ihr den langen Mäuseschwanz eures Mäuschens auf
die Garnrolle. Wessen Mäuschen
ist am schnellsten ins Loch
geschlüpft?

Katzenpudding mit Schokoladensoße

Ihr braucht:
1 Puddingschale in Katzenform

für den Pudding:
½ l Milch
1 Päckchen Vanillepudding
2 Eßl. Zucker oder Ursüße (Reform-haus)

für die Schokoladensoße:
¼ l Milch
1 Päckchen Schokoladensoßenpulver
1 Eßl. Zucker oder Ursüße (Reform-haus)
1 kleine Dose Ananasscheiben ohne Zucker
Liebesperlen oder Fruchtbonbons und Lakritzschnecken

Vanillepudding und Schokoladen-soße nach Vorschrift zubereiten. Die Katzenform kalt ausspülen, den Pudding einfüllen, erkalten lassen und auf einen größeren Teller stürzen.

Die Katze bekommt Augen aus grünen Liebesperlen oder Frucht-bonbons und einen Schnurrbart aus Lakritz.

Einen Teil der Schokoladensoße um die Puddingkatze gießen, den anderen Teil auf die einzelnen Teller. Mit Ananasscheiben garnieren.

Wenn die Katzenhexe zaubert

Kennt ihr auch die Katzenhexe? Die hat immer ihren schwarzen Kater beim Hexen dabei. Der Kater maunzt ihr die neuesten Hexensprü-che ins Ohr. Zum Dank hext ihm die Hexe lauter Dinge, die mit „K" anfangen. Aber bei einigen Gegen-ständen hat sie sich geirrt, oder?

Morgen geht's auf große Reise

„Heute geht's los! Endlich ganz allein einen richtigen Ausflug machen!" maunzten die Katzenkinder begeistert. Sie sind schon den ganzen Morgen in der alten Scheune ungeduldig hin und her gesprungen.

„Den Weg zur Wiese kennt ihr ja!" sagt die Katzenmutter. „Aber paßt gut auf. Die Wiese ist so groß, und ein reißender Bach fließt mitten hindurch. Es gibt große Raubvögel! Und dann die gefährlichen Füchse . . ."

„Ich hab' scharfe Krallen und schnelle Beine. Mich erwischt keiner!" unterbricht Oskar, der jüngste Kater, ganz laut die Warnungen seiner Mutter.

Seine Schwester Polli und Theodor, der älteste Bruder, sind schon vorgelaufen. Dann verschwindet auch Oskars grauer Schwanz hinter den Zaunlatten.

„Katzenkinder kann man eben nicht festbinden!" seufzt die Katzenmutter.

Als die Sonne schräg über dem Waldrand steht, kommen Theodor und Polli wieder zurück.

„Es war echt was los auf der Wiese!" berichtet Theodor ganz aufgeregt. „Wir haben zwei kleine Mäuse erwischt und auch viele kleine lustige Tiere, die haben Musik mit den Beinen gemacht. Die konnten auch ganz weit hüpfen. Knack, ich hab' zugebissen, und aus war's mit dem Zirpen!"

„Ja, ihr zwei seid mir richtige Räuber!" meint die Katzenmutter zärtlich. „Aber wo habt ihr Oskar gelassen? Bald geht der Mond auf. Katzenkinder sollten längst zu Hause sein!"

„Och, Oskar! Der ist noch bis zum Waldrand geschlichen", sagt Theodor. „Der war ganz scharf drauf, die kleinen Häschen zu belauschen!"

Und wirklich, Oskar stromert noch durch die Felder. Es gibt so viel zu entdecken, wenn die ersten Glühwürmchen ihre Laternen anstecken! Wie das überall knistert! Oskar spitzt seine scharfen Ohren. Er hört das Fiepen der Mäuse in ihren Gängen. Er spürt unter seinen Pfoten, wie sie hin und her trippeln.

„Ich erwisch' bestimmt noch eine!" denkt er, „ich muß nur lange genug warten."

„Hu-hu", macht die große graue Eule vom Waldrand her.

„Ach, du tust mir bestimmt nichts!" ruft Oskar keck.

„Da wär' ich nicht so sicher!"

brummt es auf einmal neben ihm Das ist der alte Igel Stachelfritz.

„Ich hab' schon mal eine große Eule gesehen, die hat sogar ein kleines Häschen gepackt, obwohl die Hasenmutter mit den Pfoten wie wild auf sie eingetrommelt hat!"

„Meinst du wirklich?" fragt Oskar ängstlich. „Du, ich weiß gar nicht mehr genau, wie es nach Hause geht. Rüber zum Wald oder hier am Bach entlang?"

„Du willst doch zu dem alten Bauernhof mit der großen Scheune!" brummt der Igel. „Da lass' ich mich abends auch gerne sehen. Die Bauersfrau stellt euch doch immer so gute frische Milch raus."

„Ach, du schlabberst uns immer die Hälfte davon weg", ruft Oskar empört.

„Na, dafür zeig' ich dir jetzt den Weg nach Hause", schnauft der Igel.

Und trippel, trappel geht's durch das taufeuchte Gras heimwärts. Als der Mond schon groß und voll über dem Scheunendach steht, schlüpft Oskar in die Scheune und springt ins warme Heubett.

„Na, du Ausreißer!" maunzt die Katzenmutter, „endlich bist du wieder da! War's denn schön auf deinem ersten Ausflug?"

„Traumhaft!" sagt Oskar, und seine Augen funkeln begeistert. „Morgen geht's wieder auf Entdeckungsreise!"

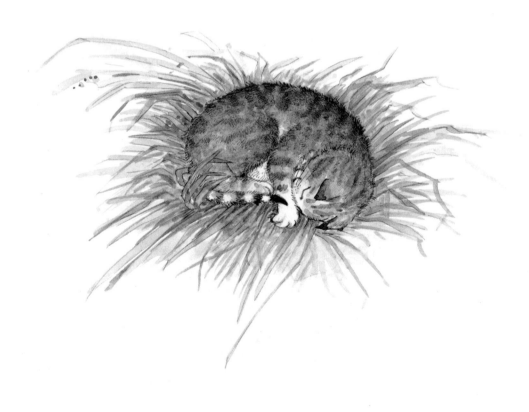

Abzählverse

Eins – zwei – drei – vier – fünf,
die Katz' trägt Ringelstrümpf'.
Der Kater hat drei Gummischuh'
und ab bist du!

Miezekatze,
scharfe Tatze,
Mäuseloch,
ich schnapp dich doch!
Mäusedreck,
und du bist weg!

Katerschwanz,
Mäusetanz,
Mäuseohr –
du stehst im Tor!

Katzenpuzzle

Ihr braucht:
ein großes Stück Pappe
Schere, Buntstifte
Wasserfarben, Wachsmalstifte

Auf ein großes Stück Pappe ein knallbuntes Katzenbild aufmalen und in viele Puzzle-Teile schneiden.

In einigen Bastelgeschäften kann man auch vorgestanzte Puzzles bestellen, die man nur noch selbst anmalen muß.

Katzen auf der Jagd

Für dieses Spiel kann man kleine Korkenkatzen basteln, aber auch einfach Halmafiguren nehmen.

Es wird reihum gewürfelt.

Wer zuerst eine Sechs würfelt, darf anfangen.

Alle Katzen müssen bis ins Ziel wandern. Die Katze mit der reichsten Beute ist Siegerin. Wenn zwei Katzen die gleiche Anzahl von Beutepunkten erreicht haben, ist die Katze Siegerin, die als erste am Ziel ankommt.

Wenn eine Katze auf ein Feld kommt, das schon besetzt ist, muß sie an den Anfang zurück.

Die Ereignisfelder sind von besonderer Bedeutung:

Blaues Feld: Die Katze hat einen ganzen Teller Milch ausschlecken dürfen. Nun ist sie zufrieden und schläft ein. Roll dich wie ein Kätzchen zusammen und schnurre. Einmal mit Würfeln aussetzen.

Rotes Feld: Denk dir einen lustigen Katzennamen für deinen Nachbarn aus. Kitzle ihn unterm Kinn. Wenn er lachen muß, darfst du vier Felder vorrücken.

Grünes Feld: Die Katze ist sehr zufrieden, weil sie eine Maus erwischt hat. Denk dir ein bekanntes Kinderlied aus (z. B.: Abc, die Katze lief im Schnee) und maunze es auf die Silben miau, miau ... Nun darfst du zwei Felder vorrükken.

Feld mit der Maus: Hier fängt eure Katze ein Mäuschen. Notiert euch genau, wie viele Mäuse ihr gefangen habt (Beutepunkte).

Feld mit dem Punkt in der Mitte: Hier müßt ihr mit eurer Katze auf dem Baumstamm weiterklettern. Aber Vorsicht! Wenn die Katze auf ein Astloch trifft, muß sie an den Start zurück.

Faltkatze

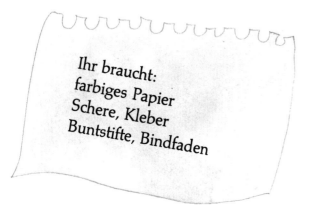

Aus farbigem Papier ein großes und ein kleineres Quadrat ausschneiden. Dann gemäß der Zeichnung den Kopf falten und den Körper ausschneiden.

Der Kopf:

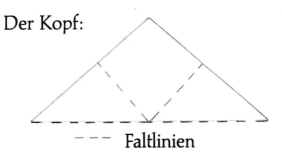

- - - Faltlinien

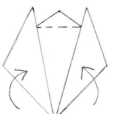

Nach oben falten.

Spitze nach unten falten.

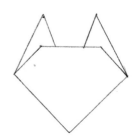

Der Kopf von vorne.

Der Körper:

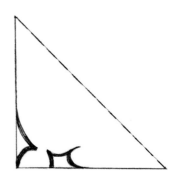

falten - - -   schneiden ——

Dann den Kopf an den Körper kleben, Augen, Näschen, Beine und Schnurrbarthaare aufmalen und den Schwanz (Bindfaden) ankleben.

84

Spieglein, Spieglein an der Wand

Die Katzen wollen einen lustigen Katzenfasching feiern. Sie haben sich bunte Schleifen umgebunden und einen lustigen Katzenhut (Anleitung S. 22) aufgesetzt. An der Wand hängt ein großes Plakat mit merkwürdigen Schriftzügen. Die Schrift ist nur mit einem kleinen Handspiegel zu entziffern.

Als Kater Kuno den Spruch vorgelesen hat, sausen alle Katzen wie der Wind davon. Warum wohl?

Eine lange Nacht für Katze Minka

Minka hat sich schon so auf das große Fest gefreut. Aber beinahe hätte sie nicht kommen können.

Wenn du die Bilder in die richtige Reihenfolge bringst, erfährst du, zu welchem Fest Minka gehen will.

(Katzengeburtstag)

eng

Ka

rtst

ag

ebu

tz

Katzenkuchen in der Form

Ihr braucht:
5 Eier
1 ½ Tassen Zucker oder Ursüße (Reformhaus)
1 Tasse Öl
200 g gemahlene Haselnüsse
2 Tassen Mehl
1 Tasse Nesquick
1 Päckchen Backpulver
1 Tasse Mineralwasser
1 Prise Salz
etwas Vanillepulver
½ Fläschchen Rumaroma
abgeriebene Schale einer unbehandelten Zitrone
nach Geschmack etwas Zimt
Fett zum Ausfetten der Springform

Alle Zutaten werden mit dem Handrührgerät vermengt. Der Teig ist recht dünnflüssig, deshalb muß die Springform sehr gut ausgefettet werden.

Backzeit: 60 Minuten 170° C im Umluftherd, 60 Minuten 190° C im Standardherd

Auf den gebackenen runden Boden wird die Katzenschablone gelegt, die nach der nebenstehenden Zeichnung hergestellt werden kann. Durch ein feines Sieb vorsichtig Puderzucker über die Schablone sieben. Wenn man die Schablone abnimmt, wird die Katzenform sichtbar, die man noch mit Smarties etc. verzieren kann.

Die Katzenform kann auch mit Zuckerfarbe (ungiftige Lebensmittelfarbe aus der Spritztüte) aufgespritzt werden. Oder man überzieht den Kuchen mit Schokoladenkuvertüre und verziert ihn mit Katzen, die aus ausgerolltem Honigmarzipan ausgestochen werden.

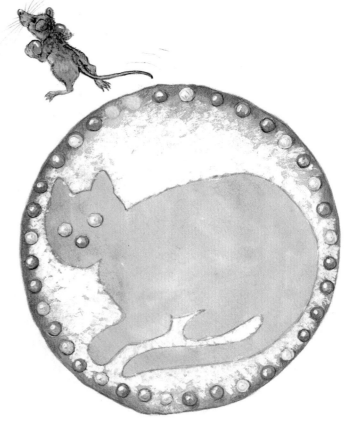

Schmusekatze Maunzi

Ihr braucht:
Fellreste (Webpelz oder echten Pelz vom Kürschner)
eine Styroporkugel (für den Kopf)
rosa Filz (für Ohren und Zunge)
Tieraugen (Bastelgeschäft)
Perle (Nase)
ein Stück Draht (für den Schwanz)
Nähgarn, Schere
Kleber, Nähnadel
Marmeladenglas, Styroporkleber

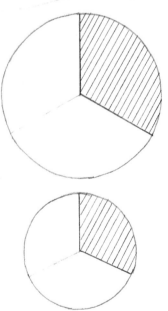

Zwei Kreise aus Fell ausschneiden, einen großen für den Körper, einen kleinen für den Kopf. Jeweils ein Drittel herausschneiden, wie auf der Zeichnung angegeben.

Den Teil für den Körper über ein Marmeladenglas falten und die

/// Klebefläche   → festnähen

Kante bei echtem Pelz zusammenkleben, bei Webpelz zusammennähen.

Für die Vorderfüße den Stoff vorn übereinander in zwei Falten legen und mit wenigen Stichen festnähen.

Für den Kopf das Fell auf der Styroporkugel mit Styroporkleber befestigen, die Ohren innen mit rosa Filz bekleben und annähen.

Den Kopf mit einigen Stichen auf den Körper nähen.

Als Schwanz ein langes Stück Fell um einen festen Draht kleben und am Katzenrücken annähen. Als Bart kann man Pfeifenputzer nehmen.

Die Katze ist nicht zu Hause

Im Kreis werden Sitzkissen oder zusammengefaltete Decken ausgelegt. Das sind die sicheren Orte, die die Katze nicht betreten darf. Die Katze schläft zusammengerollt in der Mitte des Kreises. Die Mäuschen laufen außerhalb des Kreises umher. Der Spielleiter ruft:

„Katze, Katze, komm heraus,
raus aus deinem warmen Haus!"

Nun schleicht die Katze aus dem Haus, beachtet die Mäuschen aber nicht. Der Spielleiter ruft:

„Mäuschen, Mäuschen, kommt
herein,

die Katze muß wohl draußen
sein!"

Die Mäuse trippeln in den Kreis, tanzen herum, naschen pantomimisch am Speck usw.

Plötzlich maunzt die Katze „Miau!" und jagt ins Haus zurück.

Die Mäuse versuchen, sich auf die Kissen zu retten, aber die Katze kann doch einige anschlagen. Die gefangenen Mäuse müssen das nächste Mal auch Katze sein.

So geht das Spiel weiter, bis alle Mäuse gefangen sind. Die letzte Maus darf eine neue Katze sein.

Katze soll Katze bleiben

(frei erzählt nach einem Märchen aus China)

Ein kleines Mädchen in China hatte eine prachtvolle Katze zum Geburtstag bekommen. Gelbgrau getigert war ihr Fell. Wenn sie auf leisen Sohlen durch den Garten schlich, verkrochen sich die Mäuse in ihren Löchern.

Die Augen der Katze funkelten, ihre Barthaare waren gesträubt, der Schwanz zuckte unruhig.

„Mami", rief das Mädchen, „guck mal, meine Katze schleicht wie ein richtiger Tiger durchs Gebüsch! Jetzt weiß ich endlich auch einen Namen für sie! Tiger soll sie heißen!"

„Ein Tiger ist zwar wild und gefährlich!" meinte die Mutter. „Aber noch viel gefährlicher ist doch der Drache. Drache, das ist der richtige Name für deine Katze!"

Da zog eine düstere Wolke über die Wiese. Es fing an zu regnen. Schnell floh die Katze ins Haus.

„Nein, die Wolke ist noch viel gefährlicher!" rief das Mädchen. „,Wolke' wollen wir sie nennen! Aus der Wolke kommen Blitz und Donner und Hagel und Sturm."

Jetzt brauste der wilde Sturmwind herbei, zerteilte die Wolken und blies sie davon. Wie leergefegt lag der blaue Himmel da.

„,Sturmwind' will ich meine Katze nennen!" rief das Mädchen. „Der ist stärker als alle Wolken!"

„Aber er ist nicht stärker als die gewaltige Mauer, die sich über die Berge zieht!" widersprach der Vater. „Kein Sturmwind kann sie umwehen!"

„Aber die Mäuse!" unterbrach ihn die Mutter. „Die Mäuse können lange Gänge bauen. Sie können sogar eine Mauer einstürzen lassen!"

„Dann nenne ich meine Katze ,Maus'!" rief das Mädchen.

Da mußten die Eltern lachen. „Nein, die Mäuse werden doch von der Katze gefressen! Schau nur, da hat sie schon wieder eine Maus in ihren scharfen Tatzen!"

„Dann lasse ich ihr den Namen ,Katze'!" rief das Mädchen. „Die ist stärker und wilder als alle!"

Die Autorin

Barbara Cratzius war viele Jahre als Lehrerin tätig, bevor sie zum Schreiben kam. Seit zehn Jahren veröffentlicht sie Bilder- und Kinderbücher, die in zahlreichen Verlagen erschienen. Ihre Kindergarten-Handbücher gehören mittlerweile zu den Standardwerken für die Praxis. Barbara Cratzius ist verheiratet und Mutter eines Sohnes. Sie lebt mit ihrer Familie in der Nähe von Kiel.

Die Illustratorin

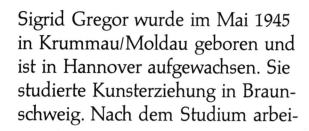

Sigrid Gregor wurde im Mai 1945 in Krummau/Moldau geboren und ist in Hannover aufgewachsen. Sie studierte Kunsterziehung in Braunschweig. Nach dem Studium arbeitete sie zunächst als Kunsterzieherin in Berlin. Seit 1986 ist sie als freischaffende Illustratorin tätig.

Sigrid Gregor lebt heute in Irsch, Rheinland-Pfalz.

Claudia Guderian/Sigrid Gregor

TEDDY
Geschichten

Loewe

Karin Jäckel/Heinz Ortner

DINOSAURIER
Geschichten

Loewe

Bücher, die Kindern Spaß machen

Klaus-Peter Wolf / Petra Probst

GUTENACHT
Geschichten

Loewe

Edgar Wüpper/Irmtraut Teltau

UMWELT
Geschichten

Loewe